RECHERCHES

SUR LE

PÉRIGORD ET SES FAMILLES. — II

INDEX DES NOMS PÉRIGOURDINS

CITÉS DANS LES

INVENTAIRES-SOMMAIRES

DES ARCHIVES DÉPARTEMENTALES

DE LA GIRONDE (Séries C et G),

DE LA HAUTE-VIENNE (Série C), DE LA CHARENTE-INFÉRIEURE (Séries C et E)

Autographié par

LE COMTE DE SAINT SAUD

1896

Archives ecclésiastiques de la Gironde

Les premiers numéros renvoient aux dossiers de la série G des Archives départ.ᵗˡᵉˢ de la Gironde. Les numéros après majuscules renvoient aux dossiers des Archives diocésaines.

Abzac 171, 172, 181, 206, 213, 225, 234 – O 27
Alesme 12 – D 3, 4, 4 bis E 2, I 8, K 5, M 13, 14 16, O 3, P 12, 21, Q 11, 13, 17 à 19, 23, 24, 38
Angoulême 108
Arlot 184
Arnaud 151
Aubeterre M 4
Aulasson K 8
Auzeilhac 106, 133
Ay dit 190
Ayta N 6
h° L h²
h h 97
(2)

Bacalan 172, N 13
Badefol 225
Baro, vgr. de Taillac 264
Barraud O 26
Barrière 106
Beaudet 205
Beaumont 209, 225
Beaupoil 108, O 22, Q 38
Belcier 169, 170, 326, O 18, 27
Belhade 172, 409, O 18
Belrieu 412
Belvès 41, 136, 177 à 185, 189 à 197, 200, 225, 215, 234, 236, 266 – D. 17 L 3, 6, 14 M 19, N 2, 14 P 13, R 14, S 3

Bordiguières	189, 230
Bergerac	76
Bessou	189, 191, 203, 205
Beynac	176, 177, 225
Bigaroque	41, 82, 134, 137, 155, 180 à 182, 184, 190 à 192, 199, 200, 225, 234, 266-83
Blanc	135
Bloyac	82
Bonfils	179, 190, 208
Bonneau	142, 158
Bonnefare	188
Bonnes	189
Bonneville	157, 170
Bontemps	O 28, 32
Bordes	O 28, 29, P 13, 16, 27 Q 34
Bourdeilles	141
Bousquet	193, 206, O 28, P 36
Boisrebou	183, 185, 205, 214, 225
Briançon	K 5
Brouillac	82, P 14
Bruzac	K 1, P 5, Q 17

Cabans	180, 182, 186, 199, 206
Cadouin	225, 255, 83
Calvimont	82, 136, 140, 142, 158, 164, K 2, M 6 P 1 Q 6, 10
Camain	D 3, Q 18
Campagne	198
Canolle	O 28, P 36, Q 11, 35
Carrière Montvert	82, 161, 164, 167, 171, 172
Cazeneuve	82
Castillon	140
Caumont	82, 105, 106, 108, 136, 130, 139, 225, 326
Cazenave	161, 170 à 172
Chalais	82, 105, 106, 133
Chalup	O 29
Chancelade	X 1
Chapt	181, 190, 197
Charles	41
Chasteigner	389, 168
Chaumont	G 242, P 139

Chaussade	136
Cladeu	204
Clairans	193
Comarque	179, 197, 204, 234
Constantin	D 4; K 7; M 4; O 27, 28; Q 26
Cosson	D 10
Coustin	208, 180
Couze	210
Coux	182, 199, 203, 206, 53
Couze	197 174 214 225, 266
Cunhiac	188

D

Dealis	D 19, O 19, P 36
Digeon	171 172
Domme	12
Dorgeil	82 140
Dufion	82
Dupuy	172
Durfort	82 155 171 179 371

(marginal: Deler G 208)

Eyquem	151, 153 326

F

Fages	234
Fauzerolles	136 142
Fayard	294 (infine) G,1,8is; I 6; K 5; M 7, P 16, 30
Fayolles	2 7, 8, 13
Ferrand	238
Filhol	82 164 168 171 172
Fleix	82
Fontgauffier	Y 1
Fontaines, ab.	C 5
Fontgauffier, ab.	205; Y 1
Foucauld	189
Froidefond	170
Fronsac	381; N 8

G

Gabas	174
Guillard	82 140
Galard	388 389
Gardrad	104
Gascq	185 388
Gigounoux	208
Gillet	Q 18, Q 34 X 2
Giscard	179

Gontaud 225 Q 1, 2, 5	
Gourgues 291	
Gourson 104	
Grailly D 4 bis N 14	
O 28 et 30	
Grasinhac 82	
Grélly 235	
Green O 18	
Grenier 169 O 22	
P 48 X 4	
Gresillac 134	
Grignols 105, 160	
Gros de Béler Q 37	
Guerre 170, 172	
176 O 30	
Guron 82 140	
Gurçon 82 140	

H I
Hautefort 184
Itier 82 139 142

J
Jay Q 25
Joas 82
Jailhot 399, O 26, P 45,
46 Q 20, 35 X 4

L
Labarde 189
La Barthe 188 191
La Béraudière, év. D 3
La Bermondie 27
La Besséde 137, 192
196, 197
Laborie 188, 191, 193, 198
La Brousse P 24, 41
La Chassaigne 326
La Clergerie 203
La Cropte 225 K 4
Lafargue 136
Lafaurie 189
La Faye 104 D 1; O 9,
30 Q 1, 3
Lafuae 82
Lageard 82 142 136
150 151 154 161
172 226 D 5
Lagoutte 183, 193
204 208
La Linde 210
La Marthonye O 8, Q 5, 7
Lambert 104 180

Lambertérie	B 37	Lur	82 151 172 176
Laneau	82 142		223 226
Lanes	82	Luxe	N 5 O 26, 29
Languais	106		P 1 X 2
La Place	76 E 2 M 13	Luzières	203
	N 5 P 1 Q 8, 14, 16		M
La Porte	158, O 29, 30	Machécoux	év. D 4 bis
	Q 19	Maillet	412
La Pouyade	150 181	Makanam	181 236 371
La Ramière	P 51	Malayolle	404
La Rivière	399	Malegat	183
La Roche Aymon	D 5. N 7 R 17	Malet	M 8 O 29 Q 36
La Roche Chalais	105	Malville	181 188
Laroque	239	Malte (ordre de)	245
La Roquette	106 138	Martin	82 137 403
La Tour	105	Mauzac	177 210
La Tousche	142		192 194 266
Le Berthon	172, 161	Meillac	192 266
Lescure	193	Melet	82 142 171
Leymarie	397	Mellet	140 176
Leyrac	136	Mérédieu	O 15
L'Hermite	P 3	Mezières	172
Limeyrac	183	Millac	210 225
Limeuil	184 225 239	Mirandol	204
Longueval	400	Molière	225
Losse	212 214	Montaigne	82
Lostanges	225 228		140 160 176 202

Montazeau 197
Moncarré 135 138
148 157 170
Montesquiou 209
Montmaurel 106
Montpeyroux 138
Montravel 41 134 136
à 150 152 à 158 160
à 177 244 245 C6
et7 E2 S3
Moreau St Mart. O 29
Mosnier 106
Moulinié 171
Mouzens 199 203
206 S3

N

Nabinaud 13
Nastringues 142
Naucaze 82 140 170 à 172
Nogaret 82 135 140
142 153 171 172
226 234 D3

P

Paleyrat S3
Palisse 177 189 212
Paty 399 D5 M11 13

N 8, 10, 16 ; O 29 ; P 65
Pecharri 204
Pellegrue 236
Périgueux C3, 6 K1,
2 S 21 R 53
Perponcher 183 190
Perigord 134 245
à Perigueux 9, 36 71
235 264
Peyrac 133
Peyresc 72
Pizou (Le) 421
Pontbriant 179
Pourquery 189 214
Prats 183
Prieur 82
Puy 223

R

Ramprol 82 140
Raymond C1 D3 K5,
6, 8, 18 ; O4 P5, 6
16 Q 8 9 15
Robert 82 183 190
Rochechouart 265
Roffignac 237
Q3

S

St Aigulin 105
St Amand, ab.é P 58
St Angel 85 O 29
St Astier 71 106 108 179
Ste Aulaye 168 176
St Chamassy 182, 206, 53
St Christophe 223
St Clair 177
St Clar 189
St Cyprien 82, 155, 177 225 182 184 187 192 209
St Martin 151
St Ours 82 179 181 183 191 197 204 205 211 O 18
St Pardoux S ariv. K 1
St Privat 104 180
St Quentin 106 133
St Sewrin 138 150 157 162
St Vivien 138 157
Salignac O 29 P 1, 13 Q 5 à 9
Salis 206
Saluces 153

Salviac 206
Sarlat 36 134 235 B 5 P 24
Ségur 16 73 82 105 197 140 142 160 161 171 172 176 217 231 236 239 399 D 1 à 3, 14 K 7 M 12 N 13 O 6, 29 P 48 Q 34 V 1 X 1
Sémailhac N 8, 12
Senault 192
Sentos 225
Sentout 189
Sireac 225
Solminihac 36 N 7
Souc 180 Q 38
Souffron O 15

T

Taillefer P 36 Q 8
Talleyrand 82 105 108 189 140 D 2 K 5 Q 19
Tarde 189
Tasque O 20
Tauzia 136 142 et

154, 158, 170, 226, 234 ; 171 ; J, 11 ; K, 2 ; P 10
Theil   M. 18   et 19 ; R, 3
Thibaud D 4 ; K 1, 7, N 8 ; Vaucocour, O 28
O 29 ; P 21, 25, 26 ; Q. 25   Vélines, 138, 170, 238
Touchebœuf 179, 182, 205   Vendières, N. 13
Trigant, 169, O 12, 29   Verdon, 183
Tustal, 113, 218, 399   Verdun, 225
        V   Vienne, 399
Vassal 183, 190, 208,   Villebois, 403
   O, 30 ; Q 1, 2.   Villegente, O. 21
Vauclaire, 82, 142, 158   Vivant, 190

Archives départem.^{es} de la Gironde
Série C.

A

Abzac, 1342, 2199, 2331   d'Camiggon 3856
2895, 3201, 3342, 3400   d'Cesme 2896, 4154
3613, 3813, 4110, 4143   3833, 3835, 3846, 3871
4144, 4151, 4184,   3872 (nage 264 du C.^t noeuf)
Achard, 2346   3896, 3910, 3946, 4080
Adhémar, 465, 3190   d'Coigny 2340, 2372, 3201
Aez   4144   d'Aphay 3341
                    Angcars 3204

Anoblissements 3340 Bans et ar.-ban., 3338, 4148
Ans 4110 " En 1674 3943
Antonne 4110 Banes 3851
Arlot 2222, 2247, 2272, Bar 3204
2331, 2342, 2343, 2346 Barbarin 3871, 3888
2973, 3126, 3414, 3463 Bardon 2263, 4150
3868, 3973, 4110, 4138 4188
4150, 4138 Barrand, 2250, 2331
Arnault 2225 2338
Arnol 4138 Barry 2223
Aubusson, 2250, 2342 Bars 3104, 4110
4144, 4115 Bayly 2247, 4186
Augeard, 460, 3006 4188
3463, 4100 Beaulieu, 2244, 2342, 4150
Aydie 4222, 2373 Beaumont 38, 72, 469
3201, 3759, 3868, 3973 2343, 2346, 2582, 2583
4109, 4110, 4115 3202, 3811, 4186
Aymes 1106 Beaupoil 1342
Azerat 3756 2247, 2923, 4187
B Beauroyre, 4115, 4150
Bacalan 1329, 2338 Bécheau, 2271, 4186
2342, 2347, 3047 Belcastel 2331
3814, 3873, 4087, 4147 Belcier, 2335, 2336
Bacharetie, 376 Bellade, 2215, 2343, 4107
Badefol, 434, 2580 Belly 4144
Badefol S' Ans 1654 Bebrieu 1338, 2342

3813, 3835, 3838, 3853, | 2343, 2580, 3425, 3836
4150 | 4109, 4110, 4115, 4144
Belvès, 485 à 489, 747, 1658 | 4184, 4188.
2254, 3291, 3522, | Bezian 876
Belsunce, 2240, 3316 | Bideran 3047
Bérail, 2229, 3802, 3343 | Billy 4144
Béraud 3837, 3865 | Biran 3420
Berbiguières 3428 | Blanches 4150
Bergerac. 10, 40, 46, 62, 68 | Blanchié 4110
91, 109, 112, 115, 122 | Bodin, 3334, 3836
213, 443, 460, 692 à | 3837, 3849, 4044
694, 701, 924, 966, 1104 | Boisse 2842
1106, 1316, 1466, 2501, | Bonneau 3199
2984, 3200, 3208, 3293 | Bonneguise, 2201, 3375, 3436
3377, 3420, 3627, 3663 | 3440
3685, 3719, 3757, 3805 | Bonnet 3849
3807, 3815, 3827, 3854 | Bonsol 3411
3904, 3906, 4018. | Bontemps 2210
Berguls 3874 bis, 3341 | Bordier 2865
Bermondie 3501 | Borie 9849
Berne 2214 | Bosredon 2290, 2337
Béron 2331, 2336 | Bouchard 3836
Bertin 3807, 3854 | Boucher 4138
3868, 4211 | Bouillac 4109
Bessot 3397, 3821 | Boulide 177, 460
Beynac, 2331, 2398 | Bourdeille, 430, 701

11

	4143, 4144, 4167
Bourdier	4113
Bourg des Maisons	3868
Bouschier	2272, 4187
Bousquet	4151
Boys	878
Brantôme	200, 414, 417
	à 441, 442, 701
Breuil	3375
Briançon	2346
Brochard	154 3201
Brons	2882, 2911
Brouard	3936
Brugière	2212 2223
Brunes	223
Bruzac	4144
Buade	3008
Bugue (Le)	58 435
Burguet	2211
Bussière Badil	1105

C

Cadouin	2290, 2333
Calvimont	2335, 4110
	4144, 4158, 4188
Camain	2200
Canolle	3845, 3866

Captal	3055
Carbonnier	2345, 2911, 2968
Carbonnières	2226, 4114
Carrier	2240
Carrière	460 3856
Castaing	3343
Castelnaud	4144
Castillonnès	4191
Castin	4211
Caumont	1684, 3431, 3459
	3842, 4115, 4144, 4188
Cazenave	3628
Celles	1653
Cercles	3916
Cézac	3934
Chabans, 460, 2331, 3201	
	3234, 3236, 4107, 4110
Chadois	3334
Chaleppe	3807
Chalup 3201, 3734, 3803, 3804, 3833	
Chancel, 2343, 2372, 3055, 3199	
C	3591, 3611, 4018
Chapdeuil	3868
Chapelle 2248, 3832, 4150	
Chapelle Faucher (la) 1655, 2255	
Chapon	178

Chapt, 42, 492, 2266, 2331, 2345, 2376, 3868, 4150, 4186, 4187
Charron, 2242, 2256, 3802, 3832, 4100
Chassaing 50
Chastaigner 3126
Chastie 4110
Chaunac 3398
Chausade 3341
Chazaud 3856
Cherval 828
Chesne 2256 4150 4151
Cheylard 229
Cheyron 225 3825 3835 4151
Chillaud 50 2271 2907 3116 3803 4110 4188
Chiniac 3853
Clermont 2331, 4188, 2247
Cluzel 1342, 8199 3398 3453 3846
Comarque 2193, 3773, 4110, 4158
Coran 2266
Condat 2240
Constantin 66, 2213, 2232, 4150
Coquet 4044
Corniac 2349

Cosson 178, 3345 4187
Courssou 1345
Coustin 3428 4156
Coutras 3428
Couze 3140
Croquants (Révolte) 3916
Cugnac, 2243, 2336, 4113 4150

D

Dalesme (v. aussi Alesma) 3814
Delebecque 2240
Delpech 989
Delpy 4151
Des moulins 3199
Desplas 878
Desmiers 3407
Digeon 3613 4151
Domme 183, 215, 464, 4168, 481, 1658, 2594, 2602, 4151
Douzillac 3729
Ducastain 4014
Duchesne (v. Chesne) 2342
Dufour 36
Durand 3833 4151
Durfort 2272, 2326, 2342, 2346, 3363, 3365, 3366, 3425, 3495, 3839, 3853, 3866, 3875, 4114, 4131, 4151, 4169

E

Elections du Périgord 3277, 3898
id. de Périgueux   858, 1838,
2628, 2636 à 43, 2660, 3008,
3095, 3414, 3811, 3812, 3872
bis, 3917, 3971, 4101
id. de Sarlat, 115, 126,
894, 2628, 3099, 3425, 3866,
3916, 3971, 3995, 4101
Escatha   3342
Echourgnac   1594
Escodéca   2240, 4189, 4192
Esparbès   3814, 3816
Espert   4110
Estissac   4108, 4113, 4189
Excideuil   124, 157, 428,
701, 857, 963, 1659, 2501,
3377, 3470, 3824, 3911, 4101, 4211
Eydely   3013
Eyma   3804, 3865
Eymet, 110, 117, 118, 228,
447, 677, 966, 1659,
2329, 2377, 3603, 4101

F

Fauvre, 2211, 3055, 3342, 3804,
Fayard, 2198, 2272, 3840, 4184,
Fayolles et Fayolle 242, 243,
460, 2193, 2210, 2260, 2331,
2345, 3407, 3840, 3849,
3865, 3868, 3948, 3973, 4107,
4110, 4144, 4152, 4183
Fénis,   2911
Ferrand   3190
Ferrières   2331, 4109,
              4144, 4156
Fétis   177, 3343
Feyrou   3005
Filhol   2246, 2343,
            3398, 3835, 3836
Fireix   3095
Fleix (Le)   2245, 2329
Florimont   2633
Foix   2245, 2328
Fontgauffier   89
Formigier   3864
Foucauld   , 460, 2279,
            3201, 4110, 4158, 4189
Fourichon   3335
Fournier   3865
Froidefond 2666, 3055, 3199, 4152
Fumel   2242, 3470

G

Gaillard, 2372,
Galard   3574, 3973, 4110
Galaup   4009

Gardonne	2250, 2251		Grant	2211
Garebœuf		2586	Gratereau	3857
Gases		22/30	Gravier	3335 3813
Gastebois	460, 679		Green	2240 2335 2343
Gentil		3814 3818	Grenier 153, 166, 1340, 2200
Gérard	797 2236 3826		2204, 2210, 2216, 2234, 3334
	3840, 3849, 3856, 3866		Grezel	2889 2911
Gérault 2239, 2345, 2968, 3341			3116 3837 3845
Géris ou Gery, 2331, 3371, 3857			Grezis	2864
Gervain		98	Griffoul 3440
Gillet 2242, 2336, 2594, 3046			Grosges (Les)	1655
	3853		Guérin	66, 238, 3339
Gimel		2225		3814, 3943
Gimet		2889	Guerre	154 3202
Girard		2911, 3877	Gurçon	2329, 3819
Gironde, 50, 2204, 2242, 2245			**H.**	
	2338, 2341, 2343, 4107, 4152		Hautefort 153, 2585
Gonet		3857	4009 4044 4110 4444
Gonord		2338, 4138	**I - J**	
Gontaut 2260, 3341, 4107, 4788			Imprimeurs en Périg.ᵈ 4018
Gontier 43, 155, 4555, 3973, 124			Isle	415 4825
Gontrand		3801	Issigeac	53 200
Gorsse		894		680 1105 1659
Gouffier		2338	James	161
Gourçat		4186	Jaubert	2331

Jay 2250 3871 4186   La Double 2662
Jehan 2336, 3802, 3849, 3871   La Faye 2208 2264
Joubert 4144   2270 4144 4195
Journard 3973, 4158, 2331   La Filolie 3820
Jourgniac 3777   La Force 3954 4168
Juilhot 2331, 2343, 2715, 3894   La Garde 501 3411 4110
Jumilhac 87, 504, 4144   Lagrard 2266 2328 2343

L

     2346 4110 4188
Large 2260 4169 4183   La Goutte 2335, 2342, 4107, 4114
La Doume 2260, 2263, 2580   Lazonie 3856
3199, 3854, 4009, 4115, 4138, 4183   La Linde 443 693 701
La Bermondie 2331 3973   1659, 2279, 2345, 3463
Laborde 9434   La Markhonye 2197 2331
Laborie 229   2316 3055 4110 4144
Labroue 3011   Lambert 3199
Labroussa 178 2219, 2345   Lamongie 2594
     3341, 3582, 3804   La Mothe Vedel 2219
     3807, 3971, 3973, 4153, 4186   2232 3399 4006
Lacalprenède 3335   Languais 3817, 4101, 3377
Lacan 2212   Langlade 1034
La Cassaigne 4186   La Nouaille 10
La Chapelle Gonaguet 4147   La prigié 4211
La Clergerie 2217   La Plénie 3416
     3341 4138 4153   La Porte 3802 4110
La Cropte 2264 2271   La Renaudie 2241
     2331 2952 3470   La Rigaudie 38

16

La Rivière 3341	Lestrade 2243 2244 3199 4186
Lormondie 155 2241 4153	Laymarie 36 2249 2248 3201
La Roche Aymon 2331	Limeuil 58 435 1653
3199 3404 3517	3403 3448 3810 4144
La Rochebeaucourt 500 3765	Lion 2216
La Roche Chalais 101 317	Lioncel 4144
320, 337, 850, 860, 1659	Lisle 1825
1876, 1881, 1890, 2037, 2583, 3782	Loiseau 2250
Larocque 2941 4144	Lolanie 4147
La Roussie 4107	Losse 154, 1848, 2328, 2336, 3201
Larralde 2271	3973, 4109, 4114, 4116, 4153
Lassale 2231	Lostange 204, 2215, 2346, 4144
Latané 2247 3337 3854	Lur 3588
Lartouche 4197	Luscomps 2268
La Tour du Pin 1344	Luxe 213
Lau (du) 3804 4151 4183	Luziers 2217
Laulanié 2213	**M**
Laur 460 2240 2389 3399	Madaillan 2347, 3341, 3814
Laurière 3190	Maillard 38, 2247, 2333
Laval 3411	Maine 230
La Valette 2343 2345 3200	Makanam 2333
La Verrie, 1342 2349 3337 4153	Malleville 3368
La Bugue 3810	Malte (Ordre de) 3325
Liguilhac 3872 bis	marchés et foires 1655
Lescure 126 181 2889	Mareuil 497 4144
Les mays 4113	Maroite 3469

Arch. dép. de la Gir. série C.   17

Marquessac	793	2202		Montagut		3948
Marsoulier	2345	2962		Montaigu		3847
Martin	2338	3200	3375	Montancein		4144
3820	3839	3844	3857	3888	Montard		2218
Masparault		2904	4110	Montaut		4143
		4154	4184	Monbazillac	452	3469
Massault	2272	4184	4187	Monteil		3236
Masvaleix			3101	Montfort (Comté de)		3222
Mellet	2952	3236	4211	Montfort		4101
Menou	2231	2887	3426 3427	Montignac	124; 1589; 465;
Mensignac			440	490; 1658; 2243; 3170;
Mérédieu	1342	2345; 2349	3055	3663, 3682, 3769, 4110,
3199, 3341	3805	3846	Montozon 414; 422
3852, 3871, 3946, 3971	2198; 2342; 3013 3200
Merthie			164	3335 3807 3825 3846 3971
Merthie			429	Montpazier 72 118 183 681
Mignot			3871	1658 2333 2484 3428
Milhac			1655	3650 3683
Mirandol	2911	4110	4115	Montpon 23 200 898 1185
Miremont			4144	2244 2356 2594 2662
Monnège		4114	4144	3200 3293 3376 3431
Montclar			454	3470 3604 3868 4143
Montcuq		2224	2245	Montravel 2245 3239
Montferrand			4154	3618 3812 3985
Montfumat			3071	Monzie 3840
Montfugier		64		Moreau 835 1232

Arch. dép. de la Gironde. Série C.   18

Moulins 2346 3374 3866 3870 | 3136 3160 3175 3199, 3200
Moutard   62 | 3201 3208 3210 3268 3295
Mussidan 128 208 419 430 | 3377 3459 3463 3590 3616
     965 1658 1143 2517 | 3650 3663 3665 3671 3713
     2555 2556 2594 | 3715 3729 3771 3772 3783
              N | 3831 3849 3871 3872 et bis
Nastringues   3816 | 3876 3929 4009 4118 4154
Nérac   1108 | 4169
Noel   2218 | Périgord 41 47 51 54
Nogaret   2219 | 431 467 1841 2247
Nogues   341 à 343 | 2331 2565 3324 3338 3473
Nontron 203 425 494 à 501 | 3558 3804 3809 3810 3817
    701 1104-5, 1108 1316 | 3842 3861 3865 3871
    3201 3758 | 3872 bis, 3873 bis 3876 3879
              P | 3882 4018 4043 4082
Paichet   2244 | 4110 4144 4207 à 4209
Papetiers   3170 | 4211
Pardaillan   2333 | Périgord (Noblesse) 2693
Party 1340 2247 2248 2343 3202 | et suiv.
Périgueux 12 39 45 46 71 91 | id (Paroisses) 1277
    99 102 110 114 115 118 | à 1289 1301 1303
    121 122 128 202 à 206 | Perry   4187
    414 692 694 715 717 | Peyrouse   2333 4186
    818 955 960-2, 964 1035 | Plassac   3293
    1104 1105 1108 1255 1256 | Pollard   3847
    1316, 1658 1733 2576 2604| Pons   3428

Pontard	3200		Reilhac	2245 4155
Ponts	3824 3835 3928		Remontei	2216
	3929 1018 4249		Repaire	155
Poulard	2331 3853		Reynier	2247 2272 3199
	3854 3864		Ribérac	422 492 1104
Pourquery	2331 2342 2879			1106 1659 2144 701
	3008 3759 3854 3864		Ribeyre	2258 4138
Présidiaux de Périgueux et			Rigaud	176
de Sarlat	3971		Rimontal	2216 2217 2220
Prévost	4108		Robert	3343
Brigonrieux	443		Robinet	2338
Puydutour	2263		Roche	882
Puy de Chaltis	3376		Rochechouart	3384
Puybertrand	3868		Rochefort	4148 3471
			Rochon	460 4154
Rabar	2968 3832 3856		Rouffignac ou Roffignac	
Ranconnet	4009			2253 4113 4144
Rabithon	177		Rossignol	2297
Raymond	155 967		Rouques	894
	3202 3844 4155		Roux	2272 4113 4186
Razac	2262		Royère	2227 2371
Recherche de la noblesse				3236 3340 4110
en 1666-67	3339 3341		Rupin	3866
Reclus	1244 2289		Ribeyreix (ou Ryteireix)	
2283 2343 3010				4110
3375 3837 3854 3984				

S

Sadilhac		444
Saillant		4115
St Alvère ?		184
St Angel		2973
St Antoine		2331
St Astier	426	2586
	3199 3343	3871
St Aulaire (v. Beaupoil)		2331
Ste Aulaye		3293
St Chamans		2331
St Clar	2220	2234
	3836 ~~3836~~	3849
St Cyprien	1658	2594
St Exupery		3868
St Laurent	10	980
St Léon		483
St Méard		492
St Michel de Rivière		1269
St Ours	2396	2331
St Pardoux	3871	701
id La Rivière		3916
St Pierre d'Eyraud		3293
St Privat		1655
St Saud	1285	4101
	4138	3842

Salagnac et Salignac
2328 2343 3842 5872 bis
4144 4197 4211
Salis 3416
Sanzillon   4110
Sarielac   4110
Sarlat 28 46 49 55 44
  59 60 68 78 88 120
  203 205 432 461 à 491
  692 694 1104 1108 1317
  1658 2285 3193 3134
  3160 3175 3204 3210
  3267 3268 3295 3340
  3377 3384 3425 3428
  3435 3650 3713 3758
  3769 3771 3843 3858
  3862 3864 3872
  3829 4018 4043.
Saunier 2381 3201
Savignac   4110
Sédière   4138
Ségur 17 93 1337
  2217 2272 2341 à 43
  2345 2346 2879 3190
  3839 3853 3985 4087
  4107 4155 4161

Selves 2911 3047 3840 3856 3919 3984 4044
Sencenac 4187
Sénéchal de Bergerac 884
  à Périgueux, 878 882
Sénigon 2207 3335
Sensillon (Sanzillon) 2267
Siorac 3589
Solminihac 43 2248 2331
Sorbier 2584 3802
Souc 3838 4156
Souillac 2244 2329 2346 3440 4138 4144 4150 4155 4167
Soulier 882
Suau 3849 3932 4044

T

Taillefer 2248 2338 2345 3202
Talleyrand 2247 2331 2393 4110 4117 4143 4155
Tamourel 876 3656
Tourde 2195 2213 4044 4155
Teil 3973

Tenant 3973 2243
Terrasson 481 1106 1658 4144
Texier 4167
Teyssière 2345 4155
Thenon 4144
Thibault 4155
Thiviers 46 124 256 420 421 427 502 504 707 717 861 1104 1658 2248 2333 2586 2594 3201 3650
Thomasson 2201
Tollis 3801
Toucheboeuf 2343 3046 4188
Tour du Pin Gouvernet 2326
Touron 3840
Tourtel 960 2272
Tourtoirac 2262 3466 4115
Trigant 2973 3243 3856

V

Valleton 36 1840 2233 2331 3200 3743 3817 4111
Valette 3046
Valvergne 4143

Vassal 154 244 249
501 2193 2244 2338
2887 2889 2954 2968
3046 3406 3533 3973
4113
Vassoigne 156
Vaucocourt 2244
2343 3973 4107
Vayres 2243
Ventous 876
Vergniol 886
Vergt 2255 4143
Verriers 3338
Verteillac 2329
Verthamon 221
Villamblard 4009

Villars 3341
Villefranche 4206
id. de Périgord 4186
Villegente 3768
Villepontoux 221
2241 2329 2340
3011 4107
Villoutreix 141
Villepreux 3949
Vins 2211
Vivant 2926 2334
2340 2343
3803 3973
4107 4168

Archives départementales de la
Haute-Vienne
Série C. — Intendance.

A.

Alesme d'Aiguepersse. — Voir la Geneitouse p. 152 de l'Inventaire Sommaire

Aubeterre 195 233

B.

Beaupoil 182 210 Voir la Borcherie p. 142 de l'Inventaire Sommaire.

Béraud 143

Bourdeille. — Voir Prie p. 285 de l'Invent.

Brantome. — Voir Serpezat p. 203 de l'Inventaire.

Brettes 209 218

Burquet 220 458

C

Cercles 249

Chapelle. — Voir St Jean Ligoure p. 151 et Jumilhac à Champmenetery p. 152 de l'Inventaire

Chauveron. — Voir p. 149 de l'Invent. à Jurgnat

D – F

Dordogne 2 308

Durand. — Voir Vic et auberoche p. 141 de l'Inventaire

Ferrières 287
Voir Sauveboeuf p. 140 et 150 de l'Invent.

Firbeix 903

G

Gentil 253

H

Hautefaye, paroisse 239
Hautefort. — Voir Glandon
Savignac et Peyzat
p. 142 et 143 de l'Invent.
id Juillac p. 109 et
pages suivantes

L

La Cropte 220
Lambert. — Voir St Nicolas
p. 232 de l'Invent.
Lansade 458
La Place 560
La Tour Blanche 239
Lostanges. — Voir Laforest
p. 140 ; voir différentes
paroisses p. 214 et 215
de l'Inventaire. Somme

M

Maillard 458
Malte (Ordre de). —
Voir par. Conore p. 164
et Ste Anne p. 215
de l'Inventaire
Martin 211 458
Mirand 233

P

Périgord 385
Périgueux 302 385
Philip. — V. p. 204 de l'in
ventaire ou St Viance
Pin (du) 458
Pindray 304

R. ou V

Ribagreix 603 Voir
Courbefy p 15 p de l'In
ventaire
Rochechouart 610
Ste Aulaÿe 231
Sarziton 223

Vézère 308

Archives départementales de la Charente-Inférieure

B.

Beaupoil	E	22
Bergerac	C	237
Bertin	E	26
Bouchard	E	29
Bourdeille	C	97

C

Chasteigner	C	141
	E 42 sup^t E	86
Conan	E	47
Corlieu	E	49
Coulon	sup^t E	20

D – E

Delpy	E	58
Desmier	C	127, 141
Esparbès	E	29

F – G

Fénelon voir Salignac		
Fournel	E	10
Gascq	C	79

Gentil	sup^t E	11
Géraud	sup^t E	97
Gouffier	sup^t E	23
Green	C 71, 130, 152, 266 E 7, 28, 104 sup^t E 53, 55, 57, 86, 87, 102	

J.

Jounard	C	258
Jousseaume	C	127
Juglard	C	265

L

Laage	E	78
La Roche Chalais	C	8, 236
La Rochefoucauld	E 143, 150 sup^t E 60, 103, 106 à 108, 112	
La Tour du Pin	C	260
Lostanges	C	25

26

Charente-Inférieure

M
Malte   E 6   10
Mareuil   E 10
Montaigne   E 174
Montalembert C 141
Montberon   E 86 96

N
Noblesse   C 63 71 83
92 et suivants

P
Parcoul   C 236
Périgord   C 245
Pindray   E 47
Pons   E 105 150
             156   158
Prévost   E 95 121
  suppl   E 26

Protestants C 134 et suiv.
et le supp.t de la série E.

R — S
Rochechouart   E 114
Saint Léger   E 120
Saint Marsault C 152
et voir Green.
Salignac   C 136 258
Ségur   E 98

V
V état de Chandoré
             C 8
Vigier (Du) E 71
  sup.t E 40 57 97
        105 100 115
Villedon   C 93
             266 E 173
Villoutreix ? E 40

Ce travail, tiré à quarante exemplaires, est destiné aux chercheurs qui, comme moi, s'intéressent au passé du Périgord et de ses familles.

Cte de St Saud

Janvier 1892.

www.ingramcontent.com/pod-product-compliance
Lightning Source LLC
Chambersburg PA
CBHW060636050426
42451CB00012B/2614